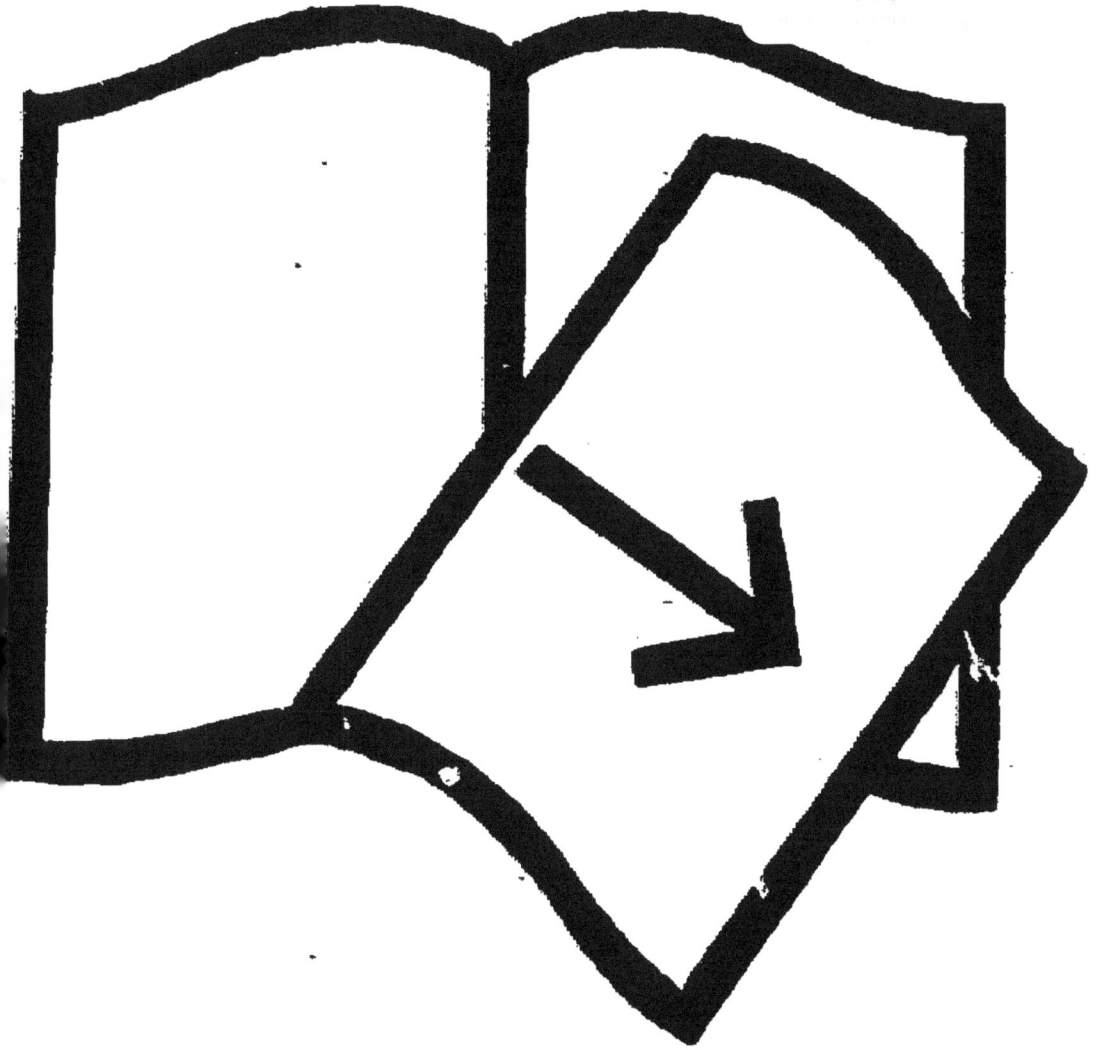

Couvertures supérieure et inférieure
manquantes

VOIRON & LE BRET

A. DES MONTS

Bibliothèque du Touriste en Dauphiné

VOIRON & LE BRET

Notes d'un Voyage
Humoristique & Descriptif

GRENOBLE

Xavier DREVET, éditeur

LIBRAIRE DE L'ACADÉMIE

14, rue Lafayette, 14

1877

Extrait du journal *le Dauphiné.*

Grenoble. — Imp. Rigaudin

VOIRON & LE BRET

—⁕⚭⚭⁕—

I.

J'avais un **ami**. C'était bien le meilleur des hommes, le plus hospitalier et le plus gai qu'on puisse rencontrer. Il habitait aux portes de Voiron une charmante campagne dont la vue, le site, les frais ombrages, les eaux abondantes et les aménagements de tout genre avaient fait un séjour enchanteur.

Moi, qui suis resté classique et tant soit peu prud'homme, je voulais absolument qu'il inscrivît sur sa porte les deux fameux vers du classique Virgile :

Hi. gelidi fontes : hic mollia prata...
.lic nemus : hic ipso tecum consumerer œvo !

Mais mon ami restait sourd à mes sollicitations et se contentait de vanter la beauté du paysage, la richesse du sol, la grandeur et la majesté des montagnes qui l'entouraient en me pressant d'aller passer quelques jours chez lui.

— Toi, qui aimes les grands monts ; toi, qui ne respires à l'aise que sur les hauteurs ou dans les bois de sapins ; toi, qui poursuis dans les livres une chimérique nature dont ton imagination fait tous les frais ; viens donc la voir ici dans sa beauté, dans sa grandeur, dans sa superbe réalité. Laisse pour huit jours ton grimoire, tes études, ton foyer ; sors de ton pays et de tes habitudes. Je te promets des émotions neuves, inédites et des courses salutaires dont tu retireras un surplus de dix ans de vie... Quel jour faut-il t'attendre ?...

.   .   .

— Il y avait longtemps que je résistais à la grâce. A la fin je cédai, et pris le train du Dauphiné.

C'était par une belle matinée de mai. Lyon était déjà tout éveillé. Il y avait foule aux guichets du chemin de fer. Avez-vous remarqué comme cette ennuyeuse cérémonie vous rend triste et maussade ? Il faut se mettre, vingt minutes à l'avance, à la queue-leu-leu dans un étroit corridor de barrières, où, pour ne pas laisser prendre sa place, on se cogne les uns contre les autres, absolument comme des harengs en caque.

J'avais devant moi le Philémon d'un respectable couple dont la tendre moitié gardait les valises. Le hasard me les donna pour voisins et pour compagnons de route. Je n'en fus pas trop chagrin, car s'il me fallut assister à une suite de scènes du plus touchant comique, en revanche, je trouvai dans cet infortuné époux un précieux indicateur, presque un cicerone. Vous savez, il y a des gens qui affectionnent ce rôle et s'en emparent sans y être le moins du monde invité. C'était celui de *Dick Moon* en France, mais avec quel esprit il s'en acquittait !

. * .

Grâce à mon complaisant voisin, j'appris à connaître le nom et les célébrités de toutes les localités importantes que parcourt le chemin de fer. C'est ainsi qu'à Saint-Priest, il me révéla l'existence d'un vieux château, jadis fréquenté par les rois de France, du temps qu'il y avait des rois et des amis des rois. La commanderie des Templiers de Vaulx-Milieu ne manqua pas de fixer son attention. Bourgoin avec son commerce et son industrie, avec sa halle, sa superbe église et son collège de chétive apparence, lui fournit un thème de deux ou trois stations.

Nous arrivâmes bientôt à la Tour-du-Pin, où mon intrépide interlocuteur ne manqua pas de s'apitoyer généreusement sur le sort du pauvre sous-préfet, obligé de passer là douze mois de l'année. — Un petit bourg, disait-il avec dédain, aux vieilles maisons, sans ressources, où l'on meurt de faim et d'ennui !... Comme si Bourgoin ne méritait pas cent fois mieux d'être sous-préfecture !

. .

Puis ce fut Virieu avec son château gothique, et au-dessous le beau château de Pupetières, assis sur le bord d'une charmante vallée, gardant religieusement le souvenir du grand poëte dont l'ombre lumineuse plane encore sur cette royale demeure.

Mais, là, mon cicerone bénévole ne contint plus son enthousiasme au grand désespoir de sa douce moitié qui le conjurait de se modérer. Je craignis un instant d'être tombé entre les mains de ces sangsues dont parle Horace en ses Satires. Je me trompais ; ce n'était qu'un prud'homme passablement lettré.

— Vous voyez, me dit-il, ce noble manoir dont le soleil éclaire les tuiles vernies ? C'est le château de Pupetières, qui commande une délicieuse vallée, au bout de laquelle on rencontre une vieille chartreuse et, plus loin, le lac de Paladru. Si vous aimez les ruines et les souvenirs antiques, allez à Silve-Bénite. Vous y verrez encore de beaux restes, des voûtes bien conservées, des ruines respectables.

Mais si vous aimez le génie, surtout le génie qui porte une lyre, si vous baisez avec respect ses moindres traces et vénérez ce qu'il a touché, oh ! alors, Monsieur, saluez cette noble demeure, inclinez-vous devant cette apparition, parce que là a respiré, a vécu, a rêvé et chanté un grand génie, un sublime poëte, notre grand, notre immortel, notre incomparable Lamartine.

Oui, Monsieur, c'est là qu'il composa ses plus belles *Méditations*, au foyer d'une hospitalité désormais inséparable de son grand nom. C'est là qu'Elvire, montée dans les régions de l'idéal, l'attira sur ces cimes et lui inspira ses chants les plus sublimes !...

— Et d'une voix chevrotante il entonna sur un ton lyrique et faux :

O lac ! l'année à peine.....

Je me crus perdu. Heureusement que sa vigilante moitié, toujours de plus en plus inquiète, lui mettant résolûment la main sur les lèvres, ne lui permit pas de continuer. Je compris à quel danger je venais d'échapper et me joignis aux sollicitations de ma compagne pour le prier de calmer son ardeur.

Nous arrivions d'ailleurs au Grand-Lemps. Il y eut un moment de répit et de silence.

Mais le train venait de siffler quand, étendant la main à droite : — Vous voyez ce village, me dit-il, eh bien ! c'est pourtant là qu'a passé quelques heures le grand, le vaillant, l'illustre Maréchal qui préside aux destinées de notre pays. Et savez-vous la demeure qu'il choisit de préférence à toutes les opulentes hospitalités qu'on lui offrait ?... L'humble couvent de pauvres religieuses qui furent confuses de tant d'honneur... — Ah ! Monsieur, c'est bien beau, la religion et la valeur se donnant la main !...

Cette fois, c'était du Monnier tout pur. Je ne dis rien, et la conversation en resta là jusqu'à Rives, où mon cicerone s'arrêtait pour prendre un train qui devait l'emmener dans la direction de Saint-Rambert. Je lui fis mes remerciements les plus empressés, non sans qu'il y répondît par des formules à lui personnelles, et en m'accablant de recommandations sur le trajet qui me restait de Rives à Voiron.

.˙.

Ce trajet n'était pas long. J'en profitai néanmoins pour recueillir mon esprit, que ce diable d'homme avait accaparé trois heures durant. Je songeai à l'accueil qui m'attendait, à l'impatience de mon ami et de sa famille, maudissant bien sûr les lenteurs du train et l'accusant peut-être d'un retard volontaire. Y a-t-il rien de plus impitoyable, de plus injuste même, que des amis qui soupirent après l'arrivée d'un ami !

Le train me conduisit en quelques minutes au terme de mon voyage. Je me rappelle que nous passâmes avec une rapidité vertigineuse au-dessus de Réaumont, un ravissant petit nid de verdure, où je devais trouver plus tard la plus charmante des hospitalités. Puis ce fut Saint-Cassien, avec son clocher peint en briques. Ensuite nous nous engouffrâmes dans un trou noir qui me parut bien long. Au retour de la lumière, j'aperçus Voiron, ses toits rouges, son église monumentale, sa montagne et sa Vierge de Vouise.

On m'attendait en famille à la gare. Ce fut pendant cinq minutes un échange de compliments et de tendresses dont je laisse juges mes lecteurs.

A quoi bon profaner, en les racontant, les saintes joies de l'amitié et ses douces effusions ? Qu'il me suffise de dire que mes rêves étaient restés au-dessous de l'hospitalité qu'on m'offrit, et que mon ami n'avait rien surfait, dans ses descriptions dithyrambiques, sur le site, le charme et la beauté de sa résidence.

. . .

Il fallut, bien entendu, tout visiter en détail. La journée, déjà fortement entamée, y suffit à peine. Mais j'avais devant moi huit jours francs, qui furent d'ailleurs consciencieusement employés. Je n'entrerai pas dans le menu de nos courses et de leurs incidents. Ce sont des notes de voyage sur *Voiron* et sur *Le Bret.* Elles seront courtes, quelquefois décousues, toujours sans prétentions. Si mes lecteurs voulaient de la science, des recherches historiques, des descriptions confortables, il leur faudrait consulter M. A. Macé, dont le *Guide-Itinéraire* est tout ce que nous avons vu de plus complet en fait de *Guides.* C'est même dans cet ouvrage que nous avons puisé les quelques renseignements de topographie, de distance kilométrique, d'élévation qu'on trouvera dans notre travail. — On comprendra sans peine que nous n'avions ni le temps, ni les moyens de mesurer la hauteur de Vouise ou l'étendue du lac de Saint-Julien-de-Raz.

Un ouvrage qu'on consultera avec fruit sur Voiron et ses alentours, ce sont les *Recherches historiques sur le Voironnais,* publiées par M. H. Blanchet, un bénédictin en robe courte, si j'en juge d'après le soin et la conscience qu'il mit à rédiger son œuvre. Honneur à de tels hommes !

II.

Voiron, son origine, son importance, industrie et commerce. — L'église Saint-Bruno. — Caractère des habitants. — Les environs : le château de Barral, La Brunerie, la montagne de Vouise et sa statue. — Retour.

Vu du chemin de fer, au sortir du tunnel de Criel, Voiron se présente sous l'aspect le plus gracieux et le plus pittoresque qu'on puisse rêver.

Assise au pied d'une verdoyante colline que surmonte un beau château et que domine d'une hauteur de plus de 700 mètres la montagne de Vouise, avec sa colossale statue de la Vierge, la ville ressemble à ces agglomérations des époques féodales qui se groupaient autour d'une forteresse et d'une église, pour abriter leur faiblesse sous la protection du ciel et des murailles seigneuriales.

Hâtons-nous pourtant de le dire, rien n'est moins féodal que Voiron. Nous avons même cru un instant que, pareil aux peuples heureux, il n'avait pas d'histoire, attendu que le bonheur ne se raconte pas. Il paraîtrait pourtant qu'il en est question dans des actes des VIIIe et IXe siècles (1). C'est déjà très-respec-

---

(1) Voir M. Antonin Macé : *De Voiron à Grenoble*, et M. H. Blanchet : *Recherches historiques sur le Voironnais*.

table. Mais nous sommes loin de compte avec ceux qui veulent en faire remonter l'origine aux Romains et qui « attribuent l'étymologie du nom de Voiron à l'exclamation de Jules César qui s'écria, en apercevant le bassin circulaire de cette ville : *Vide rotundum !...* »

.*.

Un de ces impitoyables plaisants, pour qui rien n'est sacré, prenant prétexte de cette ambitieuse légende, racontait même l'histoire comme il suit :

Jules César, maître de tous les pays d'alentour, était parvenu au sommet de Vouise d'où le regard plonge sur la ville. Ce n'était alors qu'un modeste *oppidum*, protégé par un semblant de citadelle qui n'essaya même pas de résister. En signe de soumission, le vainqueur se fit apporter les produits du pays. Il y avait du blé, des fruits, du vin, lequel fut trouvé très-médiocre. Nos pères ne soupçonnaient pas ce que d'intelligents agriculteurs devaient faire rendre à ces côteaux brûlés par le soleil (1).

Son fidèle lieutenant Labiénus, trop soucieux de la gloire de son maître pour ne pas prévenir les conséquences de sa mauvaise humeur, d'ordinaire terrible, se hâta de lui recommander une liqueur noirâtre qui devait corriger la première impression.

Le général romain la trouva tellement de son goût qu'il vida la bouteille.

---

(1) M. X..., l'aimable propriétaire d'une partie des vignobles qui dominent Voiron au nord-est, récolte des vins blancs dont la qualité le dispute aux meilleurs crûs de l'Isère.

Or, c'était du *china-china !*...

Comme bien vous le pensez, l'effet de la célèbre liqueur ne tarda pas à se faire sentir. Personne n'échappe à ces mystérieuses influences,

> Et la garde qui veille aux barrières du Louvre
> N'en défend point les rois.

Labiénus s'aperçut bien vite du changement qui venait de s'opérer dans l'attitude de son maître, mais sans en comprendre la cause. Inquiet de le voir fixer des yeux troublés sur le modeste *oppidum* qui se chauffait au soleil : — Seigneur, lui dit-il, que voyez-vous donc? — Et je vois rond, répondit César impatienté : *Video rotundum !*

Ce fut sa seule parole, mais l'histoire l'aurait fixée sur ses tablettes et le nom de Voiron tirerait son origine de la boutade d'un César ivre.

Je répète que l'anecdote me vient en droite ligne d'un plaisant ; mes lecteurs savent le cas qu'il faut en faire.

Mais revenons aux choses sérieuses et pratiques.

Voiron est assurément par sa population, par son industrie, par son commerce, par la foule d'étrangers qu'il reçoit ou voit passer, la troisième ville, peut-être la seconde du département. Et cependant, par son état civil, ce n'est qu'un chef-lieu de canton de l'arrondissement de Grenoble.

Mais quelle activité, quel mouvement, quelle vie

dans ses larges rues, sur ses places publiques et aux abords de sa gare! Il faut le voir surtout un de ces jours de grand marché, dont l'origine, on le sait, remonte jusqu'au XIIIe siècle. De toutes les routes, de tous les chemins, de toutes les campagnes afflue une population affairée, apportant ses produits, conduisant ses voitures et ses troupeaux, ou venant s'approvisionner à la *ville*. — Les Romains ne parlaient pas autrement de la métropole du monde. —

Son principal commerce est celui des toiles. L'étranger qui, grimpant à la Vouise ou au sommet du Raz, se retourne pour admirer le paysage, aperçoit autour de la ville d'immenses plaques blanches que de loin on prendrait pour des étangs. Ce sont les *blanchisseries* de toile. La toile, en effet, qui se fabrique dans les campagnes a besoin, avant qu'on la livre à l'usage des consommateurs, d'être blanchie, — et surtout allongée, disent les méchantes langues. C'est par cette préparation, la qualité de son chanvre et la solidité du tissu, que Voiron s'est fait autrefois une réputation européenne, dont il vit actuellement. On dit les toiles de Voiron, comme on dit les draps d'Elbeuf, les confitures de Bar-le-Duc, les montres de Genève.

• •

Mais gardez-vous de croire que ce soit là sa seule industrie et son unique commerce. La soie, le papier, la fonte, le fer, l'acier, tiennent une large place dans les productions de cette laborieuse cité.

On dit que la Providence, par une attention toute délicate, n'a jamais oublié de placer les grands fleuves à côté des grandes villes. — Voiron a son fleuve, aux flots tumultueux pendant les saisons pluvieuses, mais qui a le tort de se laisser boire par l'ardent soleil de l'été. C'est la vaillante Morge, condamnée à mouvoir de nombreuses et pesantes roues et à faire battre des milliers de métiers à soie. Il serait difficile de compter les usines qui depuis Tolvon jusqu'à Moirans, s'élèvent sur ses bords. Le dieu de l'industrie y est fidèlement honoré et servi.

N'oublions pas les liqueurs de toute nuance, de toute qualité et de tout prix qui se fabriquent à Voiron. Les armes de la ville portent, je crois, deux navettes croisées ; moi, j'y mettrais un alambic. Je défie de trouver une liqueur acceptable et acceptée qui n'ait ici sa contrefaçon, et une contrefaçon heureuse, habile, ingénieuse, souvent supérieure à l'original. Si, dès le principe, nous n'avions fait un pacte avec notre plume pour proscrire toute réclame, nous citerions vingt fabricants dont les produits ne le cèdent en rien aux liqueurs les plus en vogue.

Il nous est cependant impossible de ne pas signaler le *china-china* dont le succès, toujours croissant, n'a de comparable que celui de la *chartreuse*. Le vaste et confortable édifice qui va bientôt servir à sa fabrication, montre que ce produit trouve des appréciateurs.

. .
.

Voiron n'est guère riche en monuments. L'église Saint-Bruno et la fontaine de la place d'Armes seules méritent l'attention du visiteur.

Dans l'église, au style ogival, il y a de beaux et

riches détails, tels que la chaire, un vrai travail de sculpture, donnée par une opulente famille du pays et faite à Louvain, en Belgique ; l'autel, avec des bas-reliefs très-estimés ; les fonts-baptismaux, dont le vaste bassin est creusé dans un bloc de marbre rose ; les vitraux, imitant assez heureusement les antiques modèles et qui ont absorbé presque entièrement la généreuse offrande des bons Pères Chartreux, c'est-à-dire plus de quatre-vingt mille francs. L'édifice est grandiose, bien proportionné, admirablement situé, digne, en un mot, de Voiron.

Pourquoi faut-il que le mauvais goût ait pris sa revanche dans l'ornementation intérieure ? Il y a là une profusion de couleurs et de dorures qui blessent le regard en l'éblouissant.

— Oh ! les beaux mirlitons ! est-on tenté de s'écrier en voyant ces longues colonnes où il ne manque absolument que les sentences et les distiques traditionnels.

Avec ses défauts, l'église Saint-Bruno n'en reste pas moins un monument de premier ordre, vivant témoignage de la foi et de la générosité d'une population sagement administrée (1).

On m'a conté qu'aux temps de néfaste mémoire qui

-----

(1) Qu'il nous soit permis de dire tout haut ce que chacun dit tout bas. Les habitants de Voiron sont fiers de leur église, et ils en ont le droit, l'ayant élevée, ou à peu près, de leurs deniers et de leurs offrandes. Mais où auraient abouti leurs efforts, sans le zèle, sans l'intelligente activité, sans la persévérance et la ténacité d'un administrateur à qui les bouleversements politiques ont fait des loisirs immérités, mais dont le nom restera populaire ?

2

suivirent le 4 Septembre, ce superbe édifice fut transformé en salle de réunions publiques et en tribune. Il n'était pas encore livré au culte. Les sinistres acteurs de la Révolution ont le génie des transformations de ce genre. Il leur faut des basiliques pour parler à leur aise. — Ah! si les murailles entendaient et se souvenaient, que d'intéressantes choses elles nous diraient, par exemple, sur les mystérieuses relations qui existent entre l'éloquence politique et l'art de fabriquer les vélocipèdes. — Mais ici les murs n'ont pas d'oreilles et sont muets. Nous n'avons même plus de mémoire. Dieu veuille qu'à la faveur des mêmes tempêtes et des sombres cataclysmes dont nous sommes menacés, les mêmes histrions, ou leurs sauvages héritiers, ne trouvent pas, sous ces voûtes consacrées, un accueil encore plus chaleureux.

. · .

La fontaine qui décore la place d'armes ne manque pas d'originalité et de goût. — Il y a de tout, du rustique, de l'architecture et de la sculpture. Il y a surtout beaucoup d'eau. — La chose a son importance, quand il s'agit d'une fontaine.

Je ne sais plus quel auteur critique la maigreur des statues et des lions qui laissent échapper, les uns de leurs gueules, les autres de leurs urnes, de véritables nappes d'eau. On en parlait devant un paysan. — Pour des personnages qui sont censés toujours boire et ne rien manger, dit-il, c'est déjà bien beau !

A l'extrémité de la Place-d'Armes, se trouvait, il y a quelques années, une vieille église dite des Augustins, d'assez mauvais goût, paraît-il. Aujourd'hui, elle a été transformée en un marché couvert, très-élégant, qui a dû coûter de beaux deniers à la Ville.

L'église de Sermorenc, autrefois l'église paroissiale de tout Voiron, n'a rien de remarquable ; nous en dirons autant des chapelles de l'hôpital, du couvent du May et des autres communautés religieuses, qui n'ont que le mérite d'être admirablement tenues et d'une propreté irréprochable.

Les maisons et les hôtels qui bordent le cours Sénozan et les rues principales, sont bien bâtis et annoncent le confortable.

Voiron peut avoir des prétentions, mais il les justifie. Il veut faire grand, sortir de sa condition, imiter Paris ; c'est peut-être une faiblesse. — En tout cas, il y réussit ; nous ne l'en blâmerons pas.

A ce propos, mon ami me faisait remarquer combien il serait désirable que l'instruction primaire, laïque ou non, commençât par être obligatoire pour les peintres d'enseignes. — Il y a quelques années, dans une certaine rue, se trouvait un *café à l'instar de Paris.*—Jusque-là, rien de bien extraordinaire. — Quelle est la ville de province, fût-ce une préfecture, qui n'ait ses cafés, ses magasins, ses bazars et ses boutiques à *l'instar de Paris?* Le piquant de l'affaire, c'est qu'on lisait sur une petite porte de côté, en lettres majeures : *Entrée de l'Instar !*

. .
. .

Le caractère voironnais, que ne modifie pas trop le contact des étrangers, se compose d'activité, d'é-

nergie et de finesse, le tout tempéré par un grand fond
de douceur et de politesse. Leurs coutumes, dit M.
H. Blanchet, reflètent « les mœurs des anciens Dauphinois, de ces hommes doux et hospitaliers, déposi-
taires du langage et des usages allobrogiques. »

Voici comment un ancêtre, Claude Expilly, chan-
tait son pays et ses habitants :

> ... Voiron dont les collines vertes
> Sont de vins et de fruits et de plantes couvertes,
> Dont les monts relevés vont en toute saison
> Fournissant en laitage et de bois la maison,
> Et dont les prés herbeux et les fertiles plaines
> Ainsi qu'Ide et Tomare abondent en fontaines ;
> Où la Morge s'égaye, où les fréquents marchés,
> Pour le bétail et grain sont de loin recherchés ;
> Voiron dont les enfants ont les âmes hautaines,
> Soldats déterminés, valeureux capitaines,
> Les veilles, les travaux et la mort dédaignant.
> Pharnoüe en est témoin, Ravenne et Marignan,
> Qui vivent dans le sang, les Galles, les Dorgeoise,
> Les Grimaux, les Voissant, les Maubec, les Devoize
> Et ceux dont je suis l'être. O dieux qui de vos mains
> Versez, comme il vous plaît, le bonheur aux humains,
> Comblez mon doux Voiron de vos faveurs célestes,
> Et les astres jamais aux siens ne soient molestes !

Ajoutez aux qualités que nous venons d'énumérer
un grand sens pratique, lequel ne gâte rien. A Voiron, comme en logique, l'essentiel passe avant l'ac-
cessoire, l'utile avant l'agréable, et le confortable est
plus en estime que le luxe inutile. On le vit bien
quand, rompant avec toutes les traditions, quelques
propriétaires et négociants s'avisèrent de construire
un théâtre. — Un théâtre à Voiron !... Melpomène
comprit bien vite qu'elle n'était pas à sa place, et un

beau jour, sans trop d'étonnement d'ailleurs, on lisait sur le fronton du temple : *Fabrique de toiles — X. et C*...

.

J'ai déjà parlé des heureuses qualités de mon ami. Ma discrétion à cet égard mérite des éloges, car il n'est pas de page où je n'eusse pu avantageusement placer le sien. — L'aménité et le liant de son caractère, le charme de son esprit, sa conversation pleine d'intérêt lui avaient créé un petit cercle de connaissances qui, pour rien au monde, n'auraient manqué à une réunion. C'est le jeudi qu'il recevait. Les mamans amenaient leurs bébés tapageurs qui, sous la surveillance des grandes sœurs, pouvaient courir et gambader dans le parc, sans crainte des bains froids ou des noyades. Louis et Jeanne, deux enfants adorables, dignes héritiers de leur mère, en ces circonstances maître et maîtresse de maison, faisaient avec entrain à leurs amis les honneurs des allées et des pelouses.

Cependant le salon s'emplissait peu à peu, et à trois heures, la réunion était au complet. On y causait de tout, de choses sérieuses et amusantes, de commerce et de politique, de science et de littérature, peu de modes et de cancans. Ces deux derniers articles avaient été presque bannis du programme. Il y avait pourtant là de jeunes et élégantes dames, qui n'eussent pas mieux demandé qu'on fit une place, aussi large que possible, à la mode dont elles semblaient être les fidèles esclaves. — Que dites-vous, Madame, du nouveau chapeau qu'on porte à Paris et qui semble si léger, si gracieux, si aérien ? — Aimez-vous, ma chère, ces gants à vingt-quatre boutons qui vous enveloppent la main et le bras jusqu'au coude ? — Oh ! la charmante jupe d'été que donnait samedi mon *Journal de la Mode !* — Vous savez le bruit qui court ? Madame X. quitte Voiron. — Etiez-vous hier à la réunion des Enfants de Marie ? Je n'ai pas aimé le prédicateur. — .... Ces ballons d'essai et autres se produisaient régulièrement à chaque réunion, mais je dois avouer qu'ils n'avaient qu'un médiocre succès devant l'attitude d'une majorité compacte, toute dévouée à mon ami. Sur ce double thème, la conversation languissait vite, et il n'était pas nécessaire d'une grande habileté pour la ramener à des questions plus élevées.

Il serait à désirer que ce groupe d'élite représentât la société de Voiron. Dans ce cas, bien des villes trois fois plus importantes, de grand renom, de grandes prétentions surtout, en seraient réduites à lui envier tant de ressources et des mœurs aussi polies.

Il y avait plusieurs jours qu'on parlait de Vouise. Les enfants prenaient à ce moment une attitude de prière qui semblait me dire : — Vous savez, nous comptons sur un congé ; vous nous le devez. Il n'est pas possible que vous notre hôte, vous l'ami de papa, et par conséquent notre ami, vous ne songiez pas à demander pour nous une petite promenade.— D'autre part, il avait été convenu qu'on visiterait le château de Barral et le château de la Brunerie, en compagnie

de M. l'abbé X..., qui s'était gracieusement offert à
nous servir de cicerone dans ces résidences princières
où il a ses libres entrées. L'abbé X... est une de ces
âmes qui ne vous laissent le loisir ni d'examiner ni
de réfléchir, mais vous empoignent à première vue et
s'imposent à votre estime en même temps qu'à votre
sympathie. Mon ami en savait quelque chose, lui qui
ne pouvait passer trois jours sans le voir.

Nous partîmes donc un matin à dix heures, par un
soleil légèrement voilé. Ce fut le château de Barral
qui eut le premier l'honneur de notre visite. Les
maîtres étaient absents ; nous pûmes l'examiner tout
à notre aise. — Le château en lui-même n'a rien de
remarquable. C'est une construction du xviie siècle,
qui manque de caractère et d'architecture. Il est là,
dit M. Blanchet, « comme pour perpétuer la posses-
sion féodale de cette colline qui domine Voiron. »
Mais le parc avec ses vignes, ses jardins, ses parterres, ses terrasses, ses bassins, ses jets d'eau, ses
allées sinueuses, plantées de beaux arbres ; dans le
fond, la Morge impatiente qu'irritent encore les vastes
usines qui lui barrent le chemin, et dont les flots écu-
meux font un vacarme assourdissant ; puis, au sommet du coteau, dominant le vallon, la vieille tour
ronde, enveloppée de sa verte robe de lierre, débris
suprême d'une puissance évanouie, dont l'aspect imposant évoque mille souvenirs merveilleux ; l'admirable point de vue dont on jouit, tout, je le répète,
donne à cette résidence quelque chose de princier.

Le château de la Brunerie, assis aux pieds de la
petite montagne de Bavonne, sur la grande route de
Lyon, à moins de deux kilomètres de Voiron, est élégant, bien bâti, mais encore plus moderne que le châ-

teau de Barral. Le parc qui l'entoure est une mer-
veille. Il était difficile de tirer meilleur parti d'une
situation, d'ailleurs admirable. Les échappées, les
bosquets, les pelouses, les fouillis, les cours d'eau,
très-abondants, y sont ménagés avec un art infini.
On sait que cette opulente demeure était la propriété
et l'œuvre du maréchal Dode de la Brunerie, né à
Saint-Geoire en 1775, créé baron de l'Empire par
Napoléon, nommé pair de France par Louis XVIII
et maréchal par Louis-Philippe, mort à Paris en 1852.
Aujourd'hui elle appartient à une famille de Lyon.

C'est sur la montagne de Bavonne qu'on voit encore, dit-on, le trou profond de la *Couleuvre*, qui
portait au front une escarboucle pour se guider pendant la nuit comme un rayon lumineux (1).

.   .

En quittant la Brunerie, nous prîmes la direction
du petit hameau de la Martellière, pour de là faire
l'ascension de la Vouise. De ce côté, le chemin est un
peu raide, mais l'abbé X... avait à demander aux
bons *Frères Bleus* la clef qui devait nous permettre
de pénétrer dans la tour (2). Bien entendu, sa requête
fut gracieusement accueillie. — Il nous fallut plus

---

(1) M. H. Blanchet, *Recherches historiques sur le Voironnais*.

(2) Les Frères *Bleus*, ainsi appelés probablement parce qu'ils
portent un rabat bleu, appartiennent à la Sainte-Famille de
Belley, et dirigent à Voiron un orphelinat, avec autant de dé-
vouement que de succès.

d'une heure pour atteindre le sommet de la montagne. Mais comme nous en fûmes récompensés! Le spectacle que nous eûmes sous les yeux nous fit bien vite oublier nos efforts et nos sueurs. De quelque côté qu'on se tourne, en effet, le regard découvre des paysages admirables et variés à l'infini.

C'est d'abord la riche plaine de Moirans et de Tullins, au bas de laquelle coule l'Isère, pareille à un ruban d'argent. C'est Parménie, qui cache derrière une touffe de hêtres son pauvre monastère. C'est la Côte-Saint-André, le Grand-Lemps, les Terres-Froides ; puis les monts de la Grande-Chartreuse aux têtes d'argent, la Grande-Sure qui se dresse imposante au premier plan comme pour vous dire : « On ne passe pas ! » Ensuite, les Chalves aux flancs arides, et là-bas, bien loin, au-delà de Grenoble, en passant par-dessus la Grand' Croix de Chalais et le Casque de Néron, le rempart neigeux des grandes Alpes. Enfin, le massif boisé du Pic de l'Echaillon, des sommets de Montaut, d'Autran et du Vercors. Et quand, au retour de cette brillante et facile excursion, on regarde à ses pieds, Voiron est là qui vous sourit et laisse monter jusqu'à vous la confuse rumeur de ses habitants et de ses usines.

— Vouise, dit M. Blanchet, appelé Voïse ou Voyse dans les vieilles chroniques, mot formé du roman et qui signifie : *vois*, du verbe *voir*, est à 735 mètres au-dessus du niveau de la mer. Aucune position ne pouvait mieux convenir pour un monument. L'antiquité n'eût pas manqué d'y élever un temple à ses divinités. Voiron y bâtit une tour et se paya le luxe d'une statue de *N.-D.-de-France*. Un simple chaudronnier tenta de reproduire en cuivre repoussé le chef-d'œuvre colossal d'un de nos plus grands artistes. Il y réussit autant qu'on peut réussir avec un marteau et de bons bras. La statue, qui a 9 mètres de haut et repose sur un piédestal dont la hauteur atteint 16 mètres, n'a rien de monstrueux, et ressemble assez approximativement à la fameuse statue du Puy. En tout cas, elle atteste la foi pieuse et la générosité des Voironnais. Son inauguration eut lieu le 4 octobre 1868. Ce fut une grande fête, présidée par l'évêque de Grenoble, Mgr Ginouilhac, d'illustre mémoire. La poésie a célébré cette date avec des accents que ne désavoueraient pas des poëtes de premier ordre. — J'ai sous les yeux une ode de quatre-vingt-quatre vers, modestement signée H. N., où l'inspiration se soutient presque sans interruption du commencement à la fin. On me pardonnera d'en citer une strophe dont l'application est encore, Dieu merci, tout actuelle :

> Merci donc à vous tous, au nom de la Madone,
> Généreux Voironnais ; ah ! quand votre cœur donne,
> Il ne doit pas compter, il verse à pleines mains.
> Du haut de son granit, ce monument de gloire,
> De votre piété, redira la mémoire
> Jusque dans les âges lointains.

Le retour se fit par le *Regardou*, un chemin ravissant qui plonge sur les Gorges. Il avait été d'abord question d'escalader le mont Tolvon, où l'on trouve encore quelques vestiges d'une forteresse ayant appartenu aux Comtes de Savoie. Mais les enfants n'avaient pas l'air d'y tenir ; ils avaient leur plan. Et puis le soleil baissait ; on le voyait se rapprocher de l'horizon. Ses teintes devenaient plus chaudes, et le sommet des montagnes prenait cette couleur empourprée qui annonce un beau lendemain.

Pendant que l'abbé X... et moi nous marchions lentement, savourant nos impressions, les enfants, suivis de leur digne mère, nous avaient devancés. — Par ici, criaient-ils de leur voix argentine, prenez le sentier à droite. — Le sentier à droite était une sorte de ravin qui, par de nombreux circuits, avait l'air de conduire aux Gorges. Nous le suivîmes. Au bout d'un quart d'heure environ, nous arrivions à une clairière d'où le regard plonge sur tout le vallon, et nous avions sous nos pieds le toit en tuiles rouges d'une petite cabane adossée au rocher.

Au bruit de nos pas, Louis et Jeanne sortirent promptement et vinrent au-devant de nous. — Vous ne connaissez pas mère Nanon? me dirent-ils presque tous deux à la fois. Venez la voir. C'est une brave femme, et bien malheureuse. Nous l'aimons bien. — Mère Nanon est une de ces survivantes de nos désastres que la guerre, en lui prenant la moitié de sa vie, n'a pu tuer, parce que l'âme était trop bien chevillée au corps, mais qui garde une blessure dont on ne guérit pas. Elle n'avait qu'un fils. La patrie l'avait réclamé. Il était parti, s'était vaillamment battu, avait résisté aux privations d'une dure captivité, et, de retour, dirigé sur Paris, il avait trouvé la mort pendant le second siége contre la Commune. Sa pauvre mère l'avait longtemps attendu ; elle l'attend encore, car sa raison n'a pu résister à tant d'angoisses. Et, depuis la mort de son « chéri », la douleur et la misère se sont assises à ce pauvre foyer et ne veulent plus le quitter. Heureusement que le rôle de la Providence est de veiller de préférence et avant tout sur ces infortunes. Or, elle n'y manque pas. Mère Nanon est devenue la protégée de la femme de mon ami et de ses deux enfants. Louis et Jeanne font plus que lui réserver et lui apporter leurs économies de chaque semaine, ils l'égaient, l'arrachent à ses noires tristesses, et, par des procédés dont les enfants seuls ont le secret, finissent par ramener sur ses lèvres amaigries un semblant de sourire.

Oh! trois fois criminels ceux qui préparent ou rêvent de semblables deuils. Les sanglots d'un cœur de mère déchiré vont droit au cœur de Dieu et appellent la vengeance. Si elle n'éclate pas, prompte comme l'éclair, broyant tout sur son passage, c'est que la charité des bons intervient à propos. Certes, elle a le droit d'être écoutée, quand elle provoque chez des femmes, chez des enfants, tant d'abnégation, tant de délicatesse, tant d'héroïsme.

— Une journée si bien commencée ne pouvait pas mieux finir, disait l'abbé X... tout ému, en quittant la chaumière de mère Nanon. — A huit heures, nous étions de retour.

III.

Rêverie. — De Voiron au Bret. — Coublevie : Grandeur et
décadence. — Dorgeoise. — La Prébende. — Les Dominicains : l'église, le parc. — Au Neyroud.

Un soir, accoudés à une fenêtre, nous devisions du
temps passé, comme on le fait entre amis qui se re-
trouvent après une longue absence.

La nuit était d'une douceur enivrante. La journée
ayant été chaude, il nous arrivait en plein visage des
bouffées d'air tièdes et parfumées, où l'on retrouvait
toutes les senteurs de la montagne. Les étoiles parse-
maient le ciel bleu, un peu pâlies pourtant par cette
lumière diffuse que le soleil laisse derrière lui aux
approches du solstice d'été. Le silence n'était troublé
que par le bruit des eaux jaillissantes et les brillantes
vocalises de deux rossignols rivaux qui, depuis près
de deux heures, luttaient avec un égal succès. A nos
pieds, le parc et ses parterres embaumés, ses bosquets
mystérieux, ses allées enveloppées d'ombre. En face
de nous, Tolvon qui dressait sa masse noire dans l'a-
zur étoilé. Il ne manquait au tableau qu'un petit coin
de mer et un bruit de vagues pour se croire trans-
porté dans une retraite enchanteresse, perdue au fond
de quelque golfe napolitain.

Le charme de la soirée et de nos doux propos était

si grand, que nous nous oubliâmes. Onze heures et demie venaient de sonner à l'église Saint-Bruno, quand tout à coup la voix mélancolique d'une cloche argentine vint frapper nos oreilles. Elle s'élevait, dans la nuit, lente et mesurée, comme la prière d'une âme pénétrée qui scande chaque parole et en pèse le sens. On eût dit la montagne endormie, interrompant brusquement son sommeil pour reprendre auprès de Dieu son hymne éternel d'actions de grâces.

Nous l'écoutâmes silencieux. Elle sonna près de cinq minutes.

— Ah ! dit mon ami, les chartreusines vont à l'office. Saintes âmes, qui veillent et prient pendant que nous dormons ou nous amusons !

Et il m'apprit que, sur les hauteurs de Coublevie, à Bauregard, se trouvait un couvent de religieuses chartreuses ou chartreusines, qui vivaient sous la direction de deux Pères de leur ordre, récitaient le même office, pratiquaient la même règle et les mêmes austérités, sauf le silence que l'Église, en mère sagement avisée, impose ordinairement moins rigoureux aux instituts de femmes. — Il fut convenu que le lendemain, qui était un jour de grande excursion, nous visiterions Bauregard en revenant du Bret.

. .
. .

J'ai parlé du Bret. Ce nom-là sonne si bien à mon oreille, que je suis toujours tenté, quand je l'écris, de le faire suivre d'une ligne de points d'exclamation. Malheureusement, de nos jours, ce genre de ponctuation n'a plus la signification d'autrefois et reste incompris. Mettons donc une sourdine à notre admiration et rentrons dans notre rôle de narrateur impassible.

⁎

Le lendemain, à sept heures, armés de nos grands bâtons ferrés, nous nous mettions en marche. Inutile d'ajouter que les enfants, leur mère et l'abbé X... faisaient partie de la caravane. La présence de celui-ci commençait à me devenir aussi indispensable qu'à mon ami.

De Voiron au Bret, par Coublevie, on peut choisir entre deux chemins. L'un qui abandonne la grande route de Grenoble, en face de la maison d'aspect oriental de M. Ronjat, traverse le hameau du Guillon, passe devant le château Dorgeoise, laisse à droite le cimetière et l'église de Coublevie, monte dans la direction du Massot et finit par conduire à l'entrée du Bret. L'autre suit la route de Grenoble jusqu'à l'auberge de Laraz, prend la vieille route de la Buisse, traverse le hameau du Berard, détourne à gauche vers une croix en pierre portant le millésime de 1877, longe l'établissement des Pères dominicains, traverse encore un hameau appelé Le Neyroud et aboutit, par une pente assez raide, semée de cailloux roulants, mais pleine d'ombre, à un plateau où l'on retrouve le premier chemin qui est la voie de grande communication entre Saint-Julien-de-Raz et Voiron.

⁎

Coublevie est une commune de 1,400 habitants

environ, merveilleusement située, riche et prospère.
Sa proximité de Voiron, la fécondité de son sol, l'a-
bondance des eaux, le climat, la position font que les
moindres parcelles de terre y sont très-recherchées.
Il n'est pas rare que le prix du journal y atteigne
jusqu'au chiffre de trois mille francs. Sans avoir lu
Horace, chaque petit rentier, chaque boutiquier rêve
là un modeste coin de terre, une vigne, un toit, une
source jaillissante et quelques arbres à l'ombrage
hospitalier : *Hoc erat in votis.*

Voici d'ailleurs la brillante et poétique description
qu'en fait M. H. Blanchet, dans ses précieux Mémoires déposés à la Bibliothèque de Grenoble. Nous
sommes heureux, toutes les fois que l'occasion s'en
présente, de céder la parole à un admirateur aussi
sincère de son pays, dont l'émotion pourtant n'empiète
jamais sur le terrain de l'exactitude.

« Quelques hameaux épars, suspendus en amphi-
théâtre, sur le versant oriental du bassin de Voiron,
composent la commune de Coublevie, la plus riche du
canton, tant par son sol que par son industrie. C'est
aussi la plus verdoyante et la plus poétique de la
contrée. Elle étale avec coquetterie ses beautés natu-
relles au regard du paysagiste. On trouve dans son
ensemble une grande variété de collines boisées, de
plaines riantes et de vallons délicieux, qui forment
partout de délicieuses retraites, de frais bosquets ou
des points de vue admirables. Des chemins sinueux,
tantôt unis, tantôt montueux, toujours bordés de
haies vives, s'ouvrent passage sous de longues voûtes
d'arbres touffus. Ses habitations, jetées sans ordre
au milieu de jolis vergers, se mêlent aux arbres qui
les couvrent de leur feuillage. Des fontaines coulent

de toute part en ruisseau d'argent. La vigne grimpe sur les coteaux ou s'enlace amoureusement au cerisier de la plaine et caresse, de ses pampres vagabonds, les récoltes abondantes qui mûrissent à ses pieds.

« Coublevie était, avant la Révolution, un lieu de plaisance pour la noblesse voironnaise, qui possédait la plus grande partie de son territoire. De jolies maisons bourgeoises représentent aujourd'hui son aristocratie et dominent les hameaux comme les châteaux féodaux dominaient jadis nos bourgades. »

. . .

L'église de Coublevie, restaurée depuis quelques années, manque d'architecture, mais elle est propre, bien tenue et le dimanche toujours comble, ce qui prouve la foi de cette population sagement entretenue par le zèle de ses pasteurs. « Arrêtée sur le penchant d'une colline, elle s'élève et domine la campagne comme une pensée de Dieu domine dans notre âme tous les autres sentiments. Son clocher, pyramidal et ouvert, livre aux vents sa voix d'airain qui vibre pour tous les grands événements de la vie... Sa position, placée à la jonction de plusieurs chemins, révèle son ancienne origine. La piété des premiers chrétiens avait élevé des chapelles à la croisée des routes pour recevoir la prière des voyageurs. Lorsque la population des campagnes se fut accrue, la résidence des prêtres fixés dans les bourgades était trop éloignée des nouveaux centres d'agglomération des fidèles; on agrandit les chapelles les plus proches pour en faire des églises paroissiales. Celle de Coublevie conservait toutes les marques des additions successives qu'elle avait reçues depuis la fondation de la chapelle de Saint-Pierre, qui forme encore aujourd'hui le chœur de la nouvelle église. A Coublevie, comme dans tous les villages, le cimetière est placé autour de l'église, douce pensée qui a voulu rapprocher les plus vives douleurs des plus touchantes consolations. »

Ajoutons néanmoins que le cimetière actuel va prochainement être transféré dans un nouveau et vaste terrain dont la commune a fait l'acquisition.

.

A l'époque où écrivait l'auteur de ces intéressants et consciencieux mémoires, le château de *Trinconnière* dressait encore à l'horizon solitaire quelques pans de murailles décrépites et rongées par le temps. Il ne reste plus aujourd'hui de ces débris d'un glorieux passé qu'une tour, enveloppée de son manteau de lierre, qu'on prendrait de loin pour un vulgaire pigeonnier.

L'ancien château de la *Tivollière*, situé près des bords de la Morge, a perdu également tout son prestige féodal. « L'imagination peut seule réédifier avec ces ruines la maison de plaisance des anciens seigneurs de Voiron, où tant de braves guerriers venaient se reposer d'une vie si valeureusement occupée. »

Il n'y a que l'antique maison forte des *Dorgeoise* qui, au prix de nombreuses transformations, s'est maintenue debout et reste encore aujourd'hui une des plus opulentes demeures du pays. Elle appartenait, il y a quelques années, à M. H. Blanchet. Aussi, avec quel amour de maître il en parle! Nous ne pouvons résister au plaisir de citer encore cette page où abondent les grandes et profondes pensées, d'ingénieux rapprochements et les couleurs éclatantes d'une imagination que les fortes études ont réglée, qu'elles n'ont pas éteinte.

« Par une rencontre imprévue qui rappelle les plus grandes préoccupations du Moyen-âge, on voit, au-dessous de l'église de Coublevie, la maison forte de Dorgeoise. Ce rapprochement accidentel mais sympathique révèle tout ce qui constituait la puissance féodale, sa force morale et sa force physique. C'est, en effet, par l'alliance du Christianisme avec les armes conquérantes des barbares du Nord (cimentée aux pieds de saint Remy par le baptême du fier Sicambre) que la féodalité, toujours guerrière et toujours animée de sentiments religieux, a pris naissance. — Toutes les formes architecturales de la maison de Dorgeoise indiquent son ancienneté; elle semble être restée debout comme un type de ces nombreuses forteresses qui couvraient le sol de la province pendant le XIVe siècle. — A voir ses quatre tours lugubres, rondes et allongées en forme de lance, percées de meurtrières, avec leurs cabinets voûtés à portes étroites et basses, à petites fenêtres grillées jusque sous le toit, l'imagination vous reporte involontairement à ces temps orageux et anarchiques où le châtelain ne se croyait en sûreté que derrière les épaisses murailles d'une citadelle. En parcourant ces grands couloirs, ces immenses appartements mal éclairés, où l'on descend comme dans une prison, le cœur frissonne, dans l'appréhension de rencontrer à chaque pas un de ces hommes de fer, faisant murmurer l'air du bruit de leur armure. Enfin, si l'on s'assied dans le vaste foyer féodal, ne croit-on pas entendre retentir la voix sonore du chapelain lisant, pendant les longues soirées d'hiver, la légende dorée, tandis que les damoisels devisent d'amour en racontant les vieilles prouesses des chevaliers?

« La construction de la maison de Dorgeoise remonte à ces époques des guerres privées où les Seigneurs dépensaient le patrimoine et la vie de leurs vassaux sous les plus frivoles prétextes. Le droit de bataille était un des plus anciens priviléges de la noblesse du Dauphiné. Il lui fut confirmé dans les franchises que Humbert II accorda à la Province, lors de la cession qu'il en fit à la couronne de France. Les Dauphins, à leur avénement, proclamaient par serment le maintien de ces libertés; ainsi, tandis que le sage Charles V réprimait les querelles armées dans ses beaux domaines de France, il était obligé de les reconnaître dans cette province, et d'y souffrir la réparation ou la reconstruction d'un grand nombre de maisons fortes qui s'élevaient sous son règne. — Cependant, le défiant Louis XI, avide de changement et de pouvoir, broyant dans sa main de fer tous les priviléges de la noblesse, força celle du Dauphiné, par son édit de 1451, à renoncer aux guerres particulières. Les maisons fortes devinrent alors sans utilité. Celles qui étaient placées dans d'agréables positions quittèrent leur aspect guerrier pour se convertir en maisons de plaisance. Le plus grand nombre, que la sûreté d'une meilleure défense avait perchées, comme des aires d'aigle, entre le ciel et la terre, furent abandonnées. Leurs ruines, riches de l'isolement dans lequel elles sont tombées, et colorées du vernis des siè-

cles, ont rempli nos campagnes de souvenirs historiques et de visions mystérieuses. L'imagination oisive
du voyageur s'impressionne à l'aspect de ces nombreux débris qui poétisent notre vieille province ; elle
les peuple, au gré de ses fantastiques rêveries, d'êtres
surnaturels, et donne de l'actualité à ce monde invi-
sible par lequel Perrault a charmé les plus doux mo-
ments de l'enfance. »

N'oublions pas de parler d'une institution chari-
table qui fait de Coublevie une des communes les
plus privilégiées de France. Au siècle dernier, une
dame, autant pieuse que généreuse, légua ses biens à
sa paroisse pour que le revenu fût affecté à l'entretien
d'un chapelain qui devait célébrer tous les jours la
messe à ses intentions, et ensuite au soulagement des
pauvres. Ce capital échappa miraculeusement aux
griffes de la Révolution. Aujourd'hui, il a décuplé
par suite de l'augmentation qu'ont subie les pro-
priétés et par l'aliénation de quelques parcelles de
terre dont le prix a été mis en rentes sur l'Etat. De
sorte qu'il n'y a plus de pauvres à Coublevie et
qu'on n'y cesse de prier pour cette généreuse bien-
faitrice. La foi est toujours ingénieuse.

. .

Cette longue digression exigerait au moins quinze
lignes d'excuses si nous n'avions réservé à l'égard de
nos lecteurs toute notre indépendance, en les préve-
nant que c'étaient des notes de voyage. Avec pareille
précaution, nous sommes complètement à l'aise et
pouvons reprendre, sans autre formalité, le fil de
notre narration.

.•.

J'ai parlé des Dominicains. Ils ont à Coublevie un noviciat où les jeunes gens qui se sentent appelés à cette vocation passent un an dans la retraite et le travail, et vont ensuite essayer, dans un collége, leurs aptitudes à l'enseignement ou à la discipline. Cette seconde épreuve dure six mois, après lesquels ils font des vœux religieux.

L'abbé X...., qui voit fréquemment les Pères, nous proposa de leur rendre visite. Présentés par lui, nous fûmes reçus comme des amis.

La chapelle, encore inachevée, se compose d'une nef, divisée en deux parties, dont l'une est réservée aux fidèles, l'autre contient le chœur des religieux et le sanctuaire. Il est difficile de lui assigner un style. Tout ce qu'on peut dire, c'est que c'est du style Bossan. Et le style Bossan, n'en déplaise aux collets-montés de l'architecture, n'est pas seulement original, il est encore gracieux, élégant, majestueux et plein de sentiment religieux. On le verra bien quand le nouveau sanctuaire de Fourvières dressera dans les airs ses tours dentelées. Le fond de l'abside est occupé par une grande peinture, représentant le *Crucifiement*, d'Angélico de Fiésole, ce maître adorable qui peignait à genoux afin de mieux saisir les divines figures que son génie avait entrevues dans la prière. La copie, sans être un chef-d'œuvre, produit un bon effet, mais elle réclame d'autres fresques et surtout des décorations.

Nous signalerons encore les autels dessinés par

M. Bossan et la boiserie du chœur, le tout d'un goût distingué et irréprochable.

En sortant du chœur, on pénètre sous le cloître, dont les colonnes en pierres de l'Echaillon sont tout ce que nous avons vu de plus gracieux et de plus élégant. C'est encore l'œuvre de M. Bossan.

Le parc offre de beaux points de vue et de frais ombrages qui protégent contre les ardeurs du soleil. Il contient de vastes pelouses, un grand bassin, une grotte, un calvaire, des jardins et une vigne.

— Je regrette, nous dit le religieux qui nous faisait visiter la maison, de ne pouvoir vous accompagner jusqu'au Bret pour en admirer avec vous les beautés et les richesses. Mais voici une clef qui vous sera de quelque utilité. — Et il prit congé de nous.

Nous allâmes rejoindre la femme de mon ami qui nous attendait pieusement à la chapelle avec sa fille. Là, comme dans tous les couvents, les dames ont le privilége de rester à la porte. C'est un droit qu'elles se sont acheté, paraît-il, au paradis terrestre.

. . .

— Voilà des gens fort aimables, disions-nous, en gravissant le chemin montueux qui conduit au Neyroud.

— C'est vrai, répondit l'abbé X..., et pourtant, croiriez-vous qu'ils sont parfois l'objet de défiances ridicules et d'inexplicables soupçons ?

— Ainsi, reprit mon ami, on leur fera un gros crime de lire tel journal ou telle revue, comme le C....., parce que ces lectures « préparent à toutes les hérésies !... »

— Pour moi, continua l'abbé X..., je les estime et je les aime. Je sais qu'ils font du Lien et je me demande de quel droit on nourrit contre eux d'odieux soupçons que rien ne justifie.

Etranger au pays — et aux allusions dont mes deux interlocuteurs émaillaient leur discours, — je me gardai de prendre parti pour ou contre. D'ailleurs, nous arrivions au Neyroud, d'où le regard embrasse un ravissant paysage. C'est moins vaste que le spectacle dont on jouit du haut de Vouise, mais il y a plus de détails et de précision. En face, la plaine de la Buisse, de Moirans, de Tullins vous laisse compter tous ses chemins, tous ses canaux, tous ses hameaux, toutes ses maisons et jusqu'à ses champs. Le tout a pour cadre d'adorables montagnes qui prennent au matin toutes sortes de teintes et dont les nuances varient presque à chaque minute. A droite, Voiron qui semble endormi dans la brume matinale, au pied de sa montagne, mais dont les grandes cheminées fumantes annoncent que rien ne repose dans cette laborieuse cité.

. .

En traversant le Neyroud, nous rencontrâmes un prêtre, vénérable vieillard qui portait sur son front la trace de ses nombreux et glorieux services. Il vint à nous, le sourire aux lèvres, les mains tendues. — Son ministère l'avait appelé dans une pauvre famille où la mère se mourait, laissant après elle six enfants sans ressources. Je suis sûr que le saint prêtre avait plus fait que de consoler la mourante et de l'exhorter à la patience. Chez ces hommes de Dieu, la main suit machinalement le mouvement du cœur, et le cœur inspire tout ce qui sort des lèvres. Peut-être bien qu'à la fin du mois le budget se soldera par un déficit, relativement considérable, au chiffre des recettes. Mais alors, on portera des soutanes rapées, des souliers éculés ; on se privera de feu en hiver ; on remettra d'année en année l'achat d'un meuble indispensable, et, s'il faut, on laissera à sa paroisse le soin de vous enterrer. — Et il y a des insensés capables de méconnaitre un héroïsme aussi constant, aussi visible, aussi universel, de le calomnier, de l'outrager !...

Je me hâte d'ajouter que ce n'est pas en Dauphiné. Nulle part peut-être, sauf en Bretagne, la soutane du prêtre et le froc du religieux ne sont mieux respectés. L'abbé X... me l'a répété souvent et j'ai pu le constater maintes fois pendant les quelques jours que je viens de passer dans cet heureux pays.

Nous quittâmes ce saint prêtre dont la voix douce résonnait à notre âme comme une harmonie d'en haut, et reprîmes notre ascension à travers les cailloux roulants. Elle fut lente, car le chemin, en sortant du Neyroud, monte constamment. A neuf heures pourtant, chapeaux bas, le front ruisselant, rouges comme des cerises, nous entrions dans le Bret.

IV.

Le Bret. — La fontaine du Vieil-Homme et sa légende. — Le
lac. — Le château de la Perrière : ruines et histoire. —
Saint-Julien-de-Raz. — La chaire dite de Saint-François
de Sales. — Encore le Bret. — Beauregard.

— Il y a pourtant, disais-je en contemplant ces
merveilles, les deux tiers des habitants de ce pays qui
naissent, vivent et meurent sans avoir vu le Bret. On
va chercher très-loin, en Suisse, en Italie, dans les
Pyrénées, au prix de grandes fatigues et de dépenses
considérables, des paysages pittoresques, des con-
trastes saisissants, des rochers fantastiques, des
grottes, que sais-je? tout ce qui est caprice de la nature ou du hasard, et l'on ne soupçonne même pas
que ces richesses se trouvent accumulées là tout près,
à sa portée, dans l'heureux pays qu'on habite.

— Que voulez-vous? répondait l'abbé X...,
l'homme est ainsi fait : il n'apprécie, n'estime et ne
recherche que ce qui lui coûte. La profusion engendre
la satiété, et la satiété, l'indifférence. Mettez le Dauphiné — sans les Dauphinois — à cinquante lieues
d'ici, et je vous réponds qu'ils s'apercevront bien vite
que leur pays valait autant que la Suisse, plus que
les Pyrénées, et finiront par en connaître, admirer

et vanter jusqu'aux plus petits coins. Mais la Providence les a gâtés, et ils dorment à côté de trésors dont ils ignorent le prix.

De fait, le Dauphiné n'est pas connu et apprécié comme il devrait l'être, sauf par de rares étrangers qui ont du flair et du goût. Il s'opère, il est vrai, une salutaire réaction. Mais la bonne volonté et les efforts de quelques amateurs suffiront-ils pour détourner le courant qui porte ailleurs? S'en tiendra-t-on surtout aux déclarations platoniques? Ne fera-t-on pas autre chose pour rendre accessibles ces géants revêtus de leur armure de glace, qui n'ont rien à craindre d'être vus de près et comparés à d'autres? Dieu veuille que les excursions de montagnes sortent du domaine des tentatives héroïques et que le goût en pousse au cœur de la jeunesse. Les forces vives de l'âme et du corps n'auraient qu'à y gagner, et je suis sûr que la société s'en porterait mieux.

Ces vœux d'amélioration ne concernent en rien le Bret. Tout le monde peut faire cette excursion. Il suffit d'une journée ou même d'une demi-journée de liberté — et d'un commencement d'amour des montagnes. A la rigueur, les personnes absolument incapables de marcher peuvent s'y faire conduire en voiture. La route est, en effet, partout carrossable. Dans le Bret, elle ressemble même à une allée de parc.

.˙.

Bret, d'après M. Blanchet, appartient à la vieille langue dauphinoise et signifie un passage étroit à travers les rochers (1). Les célèbres Thermopyles devaient être un Bret.

Quelles lois ont présidé à sa formation ? Il serait bien difficile de le dire. Pourtant les savants, qui veulent toujours avoir le dernier mot, même avec Dieu qui ne réplique jamais, ont essayé de formuler ces lois. Voici l'explication très-plausible qu'en donne M. Macé dans son *Guide-Itinéraire* (2). — La masse des terrains qui forment la petite chaîne de Raz est du calcaire, ou pour parler géologiquement, du néocomien supérieur. Ce calcaire, déposé en couches horizontales par les eaux de la mer, a été soulevé et redressé, et c'est dans ce mouvement qu'il s'est produit des dislocations ou *failles*, comme disent les géologues. On compte ainsi dans la chaîne de Raz, qui commence à Miribel et vient aboutir aux Balmes de la Buisse, trois défilés provenant de ces dislocations et faisant communiquer la vallée de la Morge avec la plaine de Saint-Joseph-de-Rivière et de Saint-

---

(1) Bret, vieux mot dauphinois, dit Paradin, employé pour désigner un passage étroit dans les rochers. Ce vieil historien cite, dans sa Chronique de Savoie, un passage de ce nom qui existe dans les montagnes du Valais, près de Saint-Maurice. (H. BLANCHET.)

(2) Deuxième partie : De Voiron à Grenoble. — Nous ne connaissons de ce *Guide*, dont nous avons fait l'éloge, que la première édition datant de 1860. Une seconde, si elle n'existe déjà, plus complète, serait fort bien accueillie du public.

Laurent-du-Pont. C'est le défilé de *Saint-Roch*, près de Saint-Aupre ; celui du *Crossey*, autrement appelé les Gorges de Saint-Etienne-du-Crossey, et le *Bret*.

∴

Rien de plus pittoresque, de plus imposant, de plus grandiose, de plus gracieux et de plus sauvage à la fois que ce défilé. On dirait un jeu étrange de la nature. L'entrée en est d'abord large et ouverte. A droite, vous avez une prairie verdoyante, dominée par un joli bois de châtaigniers dont l'ombre féconde laisse pousser à l'envi fleurs, gazon et mousse. A gauche, ce sont des rochers enveloppés de lierre, puis des pentes douces ou abruptes, semées de houx, de buis, d'alisiers sauvages et autres arbrisseaux qui croissent çà et là à l'aventure.

Cependant le chemin se fait étroit et resserré. Vous regardez, et sur vos têtes se penchent d'énormes blocs, superposés les uns sur les autres comme de gigantesques assises, tantôt violemment déchirés et montrant leurs flancs nus, tantôt arrondis en forme de bastions, aux fentes desquels croissent des buis rabougris, ou des touffes de fleurs de toute nuance, qui ne demandent pour vivre qu'une poignée de terre et un peu de rosée (1).

---

(1) Ajoutons, pour ne plus y revenir, que la flore du Bret est aussi riche que la flore de n'importe quelle partie du Dauphiné. Sauf quelques plantes alpestres qui ne vivent que sur les hauts sommets et dans le voisinage des neiges, on y trouve, par exemple, toutes les fleurs de Chalais et de la Grande-Chartreuse. M. Macé signale même comme rares le saxifrage à ro-

Le sentier monte quelques pas et vous conduit à un ravissant oasis, planté de noyers, semé de fleurs, enveloppé à la fois d'ombre et de soleil. « Quelques blocs calcaires, couchés sur le gazon, ressemblent à des monuments élevés par la main des sombres génies qui ont présidé à ces bouleversements. Une croix de bois, placée dans ces lieux, s'élève sur un autel rustique et semble là pour recevoir l'expression des sentiments religieux que font naître, dans l'âme du voyageur, ces scènes imposantes, empreintes de la puissance infinie de Dieu (1). »

C'est là que le chemin se bifurque. A gauche, il continue entre une haie de rochers bizarres, dont l'aspect change à chaque pas, et aboutit d'abord à un hameau aux maisons éparpillées, puis au petit village de Saint-Julien-de-Raz. A droite, ce n'est plus qu'un sentier souvent effacé sous l'herbe, montueux, semé quelquefois d'énormes rochers, détachés de ce colossal rempart au milieu duquel il côtoie. Mais que de surprises sont réservées au voyageur qui, pour la première fois, se trouve en présence d'un pareil paysage ! Oh quel artiste que la nature !

La *Fontaine du Vieil-Homme* est pourtant le chef-d'œuvre de ces merveilles qui ne peuvent se décrire ni se compter. Imaginez une abside d'une régularité presque géométrique, creusée dans le rocher, ou si vous voulez, une vaste coquille renversée

---

sette *(Saxifraga aizoon)* et le *Laserpitium siler ;* nous y joindrons l'*Arabis stricta* (Huds.), le *Lepidium petrœum* (L.), de la famille des crucifères, et le *Globularia cordifolia* (L.).

(1) M. H Blanchet : *Album du Dauphiné.*

en avant, de manière à former une voûte pouvant servir d'abri. Du centre du rocher, par une fente mystérieuse, s'échappe une fontaine qu'on n'a jamais vu tarir, et dont les eaux, limpides comme du cristal, vont se perdre dans les pierres du chemin ou à travers les pentes gazonnées du vallon. Il règne là tant de paix qu'on n'ose marcher, de peur de troubler le religieux silence de cette solitude. Et si, par hasard, le cœur ému laisse échapper quelque cri d'admiration, l'écho s'en empare et va le répéter à tous les recoins de la montagne.

Je voudrais voir un poëte, un vrai poëte, en face de cette nature majestueuse et imposante. Je suis sûr que son génie discernerait des mystères qui nous échappent, à nous pauvres profanes, et que ses lèvres trouveraient, pour les raconter, des accents que nous ignorons.

.·.

Nous eûmes de la peine à nous arracher à ces enchantements. Mais la faim battait le rappel, et c'est un maître dont les exigences deviennent tyranniques à mesure qu'on monte et qu'on respire un air plus pur. Gravissant un petit sentier sous bois, en trois minutes nous atteignîmes un plateau de rochers où s'élève un petit pavillon carré. Je compris alors l'utilité de cette clef que le Père, en nous quittant, avait confiée à l'abbé X...

Néanmoins, il fut convenu qu'on déjeunerait en plein air, sous l'ombre hospitalière d'un chêne qui s'est avisé de pousser juste au bord de l'abîme. L'en-

droit est charmant ; on a pour siéges des pierres plates
qu'on dispose à son gré ; pour table, la pelouse, et le
regard plonge dans les profondeurs vertigineuses du
défilé où chante la fontaine du Vieil-Homme, dont le
clapotement monte jusqu'à vous.

. . .

En général, les débuts d'un repas, où l'on apporte
un appétit formidable comme le nôtre, sont silencieux.
Nous avions franchi ces terribles préliminaires, lorsque j'eus la pensée de demander l'origine de cette dé-
nomination : Fontaine du Vieil-Homme.

— Il y a deux légendes, répondit l'abbé X... L'une
prétend qu'en buvant constamment de cette eau, on
vieillit, mais on ne meurt pas, ce qui, entre nous, ne-
ferait que médiocrement l'affaire de la plus belle moitié du genre humain. Quelques chroniqueurs ajoutent
même qu'en vieillissant on échappe aux misères et aux
infirmités inhérentes à cet âge.

L'autre ne diffère de la première qu'en ce qu'elle
est une vraie légende, avec mise en scène et dénoue-
ment dramatique. Je vous la livre telle qu'on me l'a
contée, sans en garantir l'authenticité.

. . .

A une époque fort reculée, qu'il serait difficile de
déterminer, les habitants de ce pays virent arriver un
étranger accompagné d'une enfant qui paraissait être
sa fille.

C'était un homme déjà mûr, à la taille élevée, au visage noble et distingué, portant l'épée et le costume des chevaliers. La jeune fille accusait quinze ou seize ans. Une vraie tête d'ange ! Avec ses longs cheveux blonds où le soleil semblait avoir oublié un rayon, ses grands yeux bleus qui laissaient lire jusques dans le fond de son âme, son front resplendissant de grâce et de bonté, sa démarche pleine de grandeur, volontiers on l'eût prise pour une apparition céleste.

Ils s'établirent sur les bords du lac de Saint-Julien-de-Raz, alors appelé Saint-Gelin-de-Ras (1). Le mystère dont ils eurent soin de s'entourer excita bien un peu la curiosité des voisins et même du Gouverneur du château-fort de la Perrière ; mais, à cette époque de prétendu servage, les gardes champêtres, s'ils existaient, n'étaient pas encore chargés de visiter les passe-ports, et les gens d'armes avaient d'autres occupations.

Ce sentiment de curiosité, d'ailleurs, fit promptement place à la plus vive sympathie, quand on vit de quelle façon ils prétendaient s'imposer au pays. Les malheureux de toute la contrée devinrent leurs protégés et l'objet de leurs constantes préoccupations. Il y avait-il un pauvre dans le dénûment, un malade en danger ? Vite, ils accouraient, apportant secours et remèdes. Fallait-il panser quelque plaie ? La jeune fille s'en acquittait avec une grâce et une dextérité qui

---

(1) Cette paroisse est désignée dans tous les actes publics, jusqu'en 1784, sous le nom de Saint-Gelin ; c'est depuis cette époque seulement, que, par corruption, elle a été appelée Saint-Julien. — (H. BLANCHET.)

arrachait aux pauvres gens des cris d'admiration.
La besogne achevée, ils faisaient quelques courtes
recommandations et se retiraient, comme impatients
de rentrer dans leur mystérieuse retraite.

En six mois, ils se concilièrent si bien la sympathie
de tout le pays, qu'on les vénérait comme des anges.
Ils vécurent là deux ans, aussi impénétrables que le
premier jour, mais sans cesse prêts à voler au secours
des malheureux.

Puis, un matin, les volets de la petite maison qui
regardait le lac ne s'ouvrirent pas. Un grand malheur, un malheur irréparable venait de fondre sur le
vieillard et sur tout le pays. — Que s'était-il donc
passé?

On ne le sut pas au juste, car personne n'assistait
au dramatique événement qui lui verser tant de larmes.
Mais il est probable que la jeune fille, ayant voulu
cueillir des nymphœas dont les larges feuilles couvrent la surface du lac, s'était approchée trop près
du bord. Le pied lui avait glissé, et la pauvre enfant
s'était vue passer de vie à trépas sans qu'aucune main
ne se tendit vers elle.

Ce ne fut qu'au soir que le père, inquiet, ayant fait
le tour du lac, aperçut dans les roseaux le corps ina-
nimé de sa fille. Les flots n'avaient pas voulu garder
leur victime. Elle tenait encore dans ses mains cris-
pées une touffe de nénuphars.

Ses funérailles eurent lieu deux jours après, au
milieu des sanglots et des gémissements d'une foule
innombrable, accourue de dix lieues à la ronde. Son
père, plus pâle que le linceul qui recouvrait la morte,
voulut lui-même la conduire à sa dernière demeure.
Puis, qand tout fut fini, il se retira, et, de six longs

mois, on ne vit briller aucune lumière ni s'ouvrir aucune porte dans ce foyer visité par la mort.

Les bonnes gens s'imaginèrent que le vieillard, brisé par la douleur, était allé rejoindre sa fille dans l'éternel repos. Personne, néanmoins, n'osa s'en assurer. La superstition avait alors trop d'empire sur les imaginations. On s'écartait même de son chemin pour éviter de passer à côté de la mystérieuse maison, et quand on le faisait, hommes, femmes, enfants, pressaient le pas et se signaient dévotement.

Un jour, pourtant, ce deuil étrange eut une fin. On rencontra le vieillard portant un vase et se dirigeant du côté de ces gorges. Vous auriez juré qu'en six mois il avait vieilli d'un siècle. De grandes et profondes rides creusaient son front; ses cheveux étaient plus blancs que neige; sa tête, d'ordinaire si droite, se penchait tristement vers la terre, incapable de porter le poids qui l'écrasait; sa démarche était chancelante, toute sa personne cassée, brisée.

Où allait-il ainsi, courbé en deux, par ces chemins solitaires où l'on risque de s'égarer sans rencontrer âme qui vive?

On le sut plus tard. Mais, chose merveilleuse, les petits enfants qui avaient connu le vieillard, écrasé par l'âge et le chagrin, grandirent, vécurent et moururent; à leur tour, leurs enfants fournirent une longue carrière; trois générations se succédèrent ainsi, et le vieillard était toujours là. La mort semblait l'avoir oublié dans ce monde.

Ce ne fut que plus tard, après de longues et nombreuses années, qu'on le trouva, un matin, affaissé et sans vie près du petit bois de hêtres qui domine le lac. Le Gouverneur du château le fit enterrer avec tous les honneurs dûs à son rang de chevalier. Car, malgré le mystère dont il s'était constamment enveloppé, le peuple n'avait cessé de le considérer comme tel, et la tradition s'en était perpétuée dans le pays. Alors seulement on découvrit le secret de ces courses quotidiennes que personne ne s'expliquait.

A la mort de sa fille, fou de douleur, il s'était engagé par vœu à ne manger que du pain et à ne boire que l'eau claire de la première source qu'il rencontrerait après avoir marché deux heures durant. — La foi de ces époques et le chagrin expliquent de pareils engagements. — Or, le hasard le conduisit à cette fontaine jaillissante dont les eaux avaient la propriété de faire vieillir, il est vrai, mais, en revanche, d'empêcher de mourir. De sorte que celui qui désirait la mort et l'appelait à grands cris, comme un remède à à la violence de sa tristesse, trouva, sans s'en douter, une sorte d'immortalité que d'autres achèteraient chèrement.

Et c'est depuis ce temps-là que la fontaine qui coule là-bas, dans les profondeurs de l'abîme, porte le nom de Fontaine du Vieil-Homme.

.   .   .

L'abbé X... avait fini, que nous écoutions encore. Les enfants, eux, en avaient perdu la respiration, tellement ils étaient tout yeux et tout oreilles.

— Bravo! monsieur l'abbé, s'écria mon ami. Vous avez une imagination que j'envie. *Si non e vero, e bene trovato*, comme disent les Italiens.

— Vous me demandiez une légende, reprit gracieusement le narrateur, je vous ai servi. Après cela, qu'on y croie ou qu'on n'y croie pas, je ne m'en formaliserai nullement. Il me suffit de constater que votre attention ne m'a jamais fait défaut pendant mon long récit : preuve qu'à tout âge on a besoin de merveilleux.

Et maintenant, en route, si nous voulons remplir le programme de notre journée !

.•.

Ce programme consistait à visiter l'emplacement du château de la Perrière, le village de Saint-Julien-de-Raz et à revenir sur nos pas.

De l'endroit où nous étions, on peut aisément, en demi-heure, gravir la pente boisée et gazonnée au sommet de laquelle s'élevait jadis la forteresse des comtes de Savoie. Mais il faut un guide et de bons jarrets.

Nous prîmes à travers champs et par des sentiers qui nous conduisirent en peu de temps au bord du lac. Quelle heureuse surprise, quand on arrive là, d'apercevoir par les trouées des arbres cette miniature de mer, doucement endormie au milieu de la verdure et des bois ! Ne parlez pas ici de tempêtes, de flots en courroux et de tristes naufrages. A peine la brise peut-elle en rider la surface argentée. Aussi, les roseaux et les nymphœas de tout genre ne se font pas faute d'étaler sur les bords leurs feuilles, larges comme des assiettes ou aiguisées comme des lances.

* *

Il y a un an ou deux, tous les journaux du département ont raconté, avec l'air le plus sérieux du monde, une pêche et un combat épiques dont ce paisible lac aurait été le théâtre. Une carpe monstrueuse, pesant, disent les témoins, de dix-huit à vingt livres, avait été aperçue dans les roseaux. — On ne parle pas de son âge ; pourquoi ne serait-elle pas contemporaine des comtes de Savoie, alors qu'ils commandaient au pays ?

Quelques amateurs résolurent de s'en emparer. Armés de pieux en guise de harpons, ils attaquèrent le monstre, qui se défendit comme un diable. Il fallut même se mettre à l'eau et jouer du couteau, sous peine de subir le sort de Jonas. Vérification faite, la carpe pesait six à huit livres, et avait été recueillie expirante sur la rive où elle était venue échouer. Bien entendu, la presse de Paris et de province s'empara du canard et le mit à toutes les sauces. Les moutons de Panurge n'ont jamais trouvé tant d'imitateurs que parmi les journalistes affamés.

* *

Du lac au château de la Perrière, il n'y a pas loin. Mais il faut grimper par des sentiers rapides et souvent obstrués ; de sorte qu'un guide est presque indispensable. On en trouve sur tous les chemins, au coin de tous les champs, attendu que le premier pâtre venu peut vous y conduire.

Hélas ! de la fameuse forteresse des comtes de Savoie, il ne reste pas même des ruines. Les remparts, les fossés, les tours crénelées ont disparu, comblés ou démolis, d'abord par la main des hommes, puis par cette merveilleuse force de la nature qui s'appelle la végétation, à laquelle rien ne résiste, pourvu qu'on la laisse quelque temps accomplir tranquillement son œuvre. J'ai vu là un pan de mur, des tas de pierres et une sorte d'oubliette carrée, refuge des couleuvres, qui s'y trouvent au frais. En revanche, on exploite, à quelques mètres plus bas, dans le flanc de la montagne, une riche carrière de molasses, dont les produits me semblent cent fois mieux appréciés des paysans que toute la gloire et tous les souvenirs réunis de l'ancien château de la Perrière.

.˙.

On sait qu'il appartenait aux comtes de Savoie. Ces puissants rivaux des Dauphins l'avaient construit pour défendre contre l'attaque de leurs ennemis l'étroite vallée qui commence à Voreppe et aboutit à Saint-Laurent-du-Pont, alors Saint-Laurent-du-Désert.

L'endroit était propice. D'un côté, une pente rapide le mettait à l'abri de toute attaque. De l'autre, des fossés profonds, des tours crénelées et à quatre étages, des murailles solides qui allaient englober le bourg de Saint-Gelin, situé, dans ce temps-là, au-dessous de la Perrière, et soigneusement entouré de remparts, rendaient cette forteresse presque inexpugnable.

Le Dauphin Guigues VIII, dont le courage, pour se signaler, n'avait pas attendu le nombre des années, fut d'un autre avis. D'ailleurs, une entreprise aussi hardie souriait à son esprit aventureux. Ayant réuni

une petite armée de paysans déterminés, il leur fit
délivrer des instruments de guerre et tenta de sur-
prendre le château.

« Pendant que ces hommes entreprenants montaient
à l'assaut au milieu de la nuit, leurs chevaux, qu'ils
avaient cachés dans le bois, se détachèrent et « ame-
nèrent si grande noise, » que la garnison, réveillée,
se précipita sur les remparts et repoussa vigoureuse-
ment leur attaque. Cet échec n'ébranla point le courage des Dauphinois; secourus de nouveau par leur
prince, ils mirent le siége devant la place..... Le
Dauphin, impatient des retards apportés dans l'attaque du château, se rendit à la Perrière, accompagné
de quinze cents cavaliers. Arrivé au camp, Guigues
voulut visiter les fortifications de l'ennemi; ses capi-
taines essayèrent vainement de le détourner d'entreprendre cette reconnaissance, lui représentant qu'ils
iraient eux-mêmes, mais qu'elle offrait trop de périls
pour que leur prince dût s'y exposer. — « Je suis
venu, leur dit-il, pour partager vos dangers, et non
pas pour en être le spectateur ! » — Et, sortant à
cheval, accompagné de Hugues Allemand de Valbonnais et d'Aymard de Clermont, il monte par un
petit sentier jusque dans les fossés du château. Ou-
blieux de lui-même et indifférent aux traits qui pleu-
vent à ses côtés, le prince examine avec détail la défense de la place. Et pendant qu'il indique du geste
un côté accessible du fort, le garot d'une arbalète
« le perce de part en part ». — « Ce n'est rien, dit-
il en se relevant, ne donnons pas à nos ennemis la
satisfaction de croire qu'ils m'ont blessé ! » — S'ap-
puyant sur Valbonnais et sur Clermont, il redescendit
jusque dans son camp.

« A la vue de leur chef frappé d'un coup mortel, les troupes poussèrent un cri de douleur et de vengeance. Guigues refusa de se coucher, en proférant ces paroles mémorables, qui rappellent celles d'un empereur romain. « Je veux tenir devant la mort; mes ennemis ne m'ont jamais vu abattu, et celui-ci est le moins terrible aux gens de cœur! »

« La tente du Dauphin se remplit d'officiers et de soldats éplorés; seul, il semblait étranger à sa blessure. Ce héros, rappelant par un dernier effort tout ce qui lui restait d'une si noble vie, adressa des consolations à ceux qui l'entouraient et donna les ordres nécessaires au sujet du siége et du gouvernement de ses Etats. Les chirurgiens avaient déclaré que le Dauphin expirerait au moment où l'on retirerait le trait de sa poitrine. Néanmoins, Guigues, comme Epaminondas, ordonna cette fatale opération qui lui arracha la vie sans un soupir de douleur. Ce prince, dont le mâle courage rappelle les plus beaux traits de l'histoire, mourut le 23 juillet 1333, à l'âge de 24 ans, dans une grange, convertie depuis, par son successeur, en maison de chasse.

« La mort de Guigues fut promptement vengée par ses troupes; car, dès le lendemain, s'étant jetées avec fureur contre le château, elles enfoncèrent les murailles, mirent le feu à la principale tour où s'étaient réfugiés les Savoisiens, et passèrent au fil de l'épée tout ce qui n'avait pas péri dans les flammes. « Puis les Dauphinois se prindrent à saccager et à piller le chastel et le bourg de Saint-Gelin, et, par feu et autres moyens, les ruinèrent de telle sorte qu'il n'y demeura pas pierre sur pierre. »

« Les habitants de Saint-Gelin n'ont pas relevé les

ruines de leur bourg ; les maisons sont maintenant éparses sur le plateau ; elles ne se rencontrent plus groupées en village, et le laboureur mêle, indifférent, son grain à la poussière de ses pères. — La tradition, qui répare les oublis de l'histoire, a marqué la place où s'élevait l'église du bourg, en entourant d'une superstition prophétique la pierre sacrée de l'autel, seul reste de ce monument (1). »

Nous ne pouvions passer sous silence un fait dont les conséquences, dit M. Macé, ont été immenses pour l'histoire, non seulement du Dauphiné, mais même de la France. En effet, Guigues VIII ne laissait d'autre héritier que son frère Humbert II, qui lui succéda. Or, tout le monde sait que, dégoûté du monde et las d'aventures, Humbert céda, en 1349, sa principauté au roi de France, et, promu aux ordres sacrés, devint successivement archevêque de Reims et de Paris, puis alla s'éteindre sous la blanche robe de dominicain, dans un cloître obscur de l'Auvergne.

*
* *

En revenant de la Perrière pour visiter Saint-Julien-de-Raz, on laisse à gauche un vieux manoir entouré de jardins, qui est encore la propriété des petits-fils de l'éminent écrivain auquel nous avons fait de si larges emprunts. Il paraît que le désintéressement, la générosité, l'amour du bien, sont de tradition dans la famille, car on raconte là-haut des merveilles d'une

---

(1) M. H. Blanchet.

fète récente dont le châtelain et la châtelaine auraient fait tous les frais avec une grâce parfaite.

Ne manquez pas de gravir la petite éminence sur laquelle se trouve une sorte de Calvaire, et d'où l'on jouit d'une vue ravissante. A gauche, le regard plonge jusqu'au fond de la plaine de Saint-Laurent-du-Pont, et ne s'arrête que devant les montagnes de la Savoie, dans le flanc desquelles Napoléon Ier fit percer un tunnel, connu généralement sous le nom de Galerie-des-Echelles. A droite, la vallée se resserre et monte jusqu'au col de la Placette, qui est le point de partage des eaux. La pente commence là, assez raide en quelques endroits, jusqu'à Voreppe, où l'on rejoint la plaine de l'Isère. En face, vous avez le massif tantôt boisé, tantôt déchiré, tantôt à pic, de la Grande-Chartreuse, la Grande-Sure, le Pas-de-la-Miséricorde, le plateau de Charminel. « Le Jussom élève, dans la sérénité d'un ciel d'azur, son front dénudé et blanchi par les siècles. De vieux sapins balancent leurs noirs obélisques sur les profondes crevasses qui sillonnent la pente de cette montagne. De petits nuages, sortis de son sein, courent sur ses flancs, semblables aux brandons de guerre des clans écossais ; parfois aussi, des vapeurs chargées d'humidité montent pesamment du fond de la vallée, enveloppant la base de la montagne, et laissent ses pics planer au-dessus comme une île aérienne. — L'immense et vague rumeur qui s'élève souvent au milieu des sapins pendant le silence de la nuit, solennise ce beau paysage ; cette voix sublime, modulée par les vents, semble rendre des oracles comme la forêt de Dodone. Ce langage mystérieux est familier aux montagnards, qui savent interpréter les avertissements renfermés dans ces paroles augurales. On ne saurait dépeindre tous les phénomènes qui se reproduisent chaque jour sur les montagnes. C'est de leur prestige que l'imagination tire ses plus brillantes compositions...

« Plus bas, au flanc de la grande montagne, une cascade à l'eau folle et légère suspend son écharpe ondulée par le vent ; elle secoue sa poussière humide aux rayons du soleil, qui prête les couleurs de l'iris à sa gerbe étincelante. Souvent aussi, ses eaux se glissent contre le rocher, comme un serpent, et bondissent à leur chute en nuages de perles (1). »

Un riche et honorable épicier de Grenoble, que les exigences du commerce ont tenu pendant sa vie loin de son pays natal, a voulu au moins y revenir après sa mort. Il s'est donc fait construire sur ces hauteurs un tombeau élégant où dormirait à l'aise un roi de France. Son Saint-Denis reste bien un peu exposé aux atteintes de la foudre ; mais la foudre se contente de détruire, tandis que la Révolution profane ; et, s'il fallait choisir, qui donc hésiterait ?

* * *

Nous trouvâmes chez M. le curé de Saint-Julien l'accueil le plus empressé et le plus sympathique. C'est un homme encore jeune, en proie à cette fièvre d'amélioration morale et matérielle qui, dans le clergé, saisit les débutants et ne les quitte plus. L'Écriture a, pour peindre cette faim et cette soif, un mot caractéristique : *Zelus domús tuæ comedit me !*

---

(1) M. H. Blanchet.

Il nous montra la chaire dite de Saint-François de Sales, et nous en conta l'histoire.

C'était aux jours les plus sombres de la Terreur. Après avoir dépouillé l'Eglise, assassiné ses prêtres, démoli ses temples, la Révolution se faisait marchande de bric-à-brac et vendait à l'encan tout ce qu'elle avait pu voler aux sanctuaires profanés.

Un jour, sur une des places publiques de Grenoble, parmi les objets les plus disparates, on aperçut une chaire. Elle appartenait, disait-on, à une église conventuelle que le Comité de salut-public venait de confisquer, et Saint-François de Sales y avait plusieurs fois prêché.

Un habitant de ce pays, homme de foi, comme il n'est pas rare d'en rencontrer, même au plus fort des persécutions, eut la généreuse pensée d'arracher cette relique à la destruction et d'en doter son église. Elle lui fut adjugée pour la somme dérisoire de treize francs.

Voilà comment Saint-Julien-de-Raz possède aujourd'hui et montre avec orgueil un monument qui ne déparerait pas maints sanctuaires fameux.

Ses parois, artistement sculptées, sont en bois de chêne et supportent toutes sortes d'arabesques, de pendentifs, de moulures en relief, dorés au bruni, sur des fonds vert et noir. Le panneau du milieu contient des armoiries.

— Elles sont, nous dit M. le curé, *d'or à l'aigle de sable, tenant dans ses serres une branche de sinople, au chef d'azur, surmonté de trois croisettes d'or*, et appartiennent à la famille Reymond d'Espaute, trésorier général du Dauphiné en 1625.

J'oubliais de dire que cette chaire, jusque-là en

très-mauvais état, avait été restaurée l'an dernier par un sculpteur de Grenoble, avec autant de goût que d'habileté. C'est un objet d'art assez remarquable pour qu'on le signale aux archéologues et aux amateurs de belles choses.

.•.

Sans le soleil qui baissait et nous avertissait de songer au retour, je crois que nous aurions été capables, à la suite de M. le curé, de grimper au clocher pour voir de près certaine cloche, récemment installée, dont on parle plus — à Saint-Julien du moins — que du bourdon de Notre-Dame.

Elle reçut au baptême les noms de PAULA, OLGA, JOHANNA, que lui donnèrent ses parrains, M. et Mᵐᵉ Blanchet, de Rives, et pour inscriptions ces paroles de l'Ecriture-Sainte :

Ego vox clamantis : Parate viam
Domini ; rectas facite semitas ejus (1).

Puis un distique ainsi conçu :

Læta, Dei laudes animasque celebro renatas,
Tristis, defunctos, crimina vestra fleo (2).

Nous nous contentâmes d'admirer la pureté de son timbre, la justesse, l'harmonie de ses tons et la puis-

(1) Je suis la voix de celui qui crie : Préparez les chemins du Seigneur ; rendez droits ses sentiers.   (Saint MARC.)
(2) Joyeuse, je chante les louanges de Dieu et la naissance Triste, je pleure les morts et vos crimes.   [des âmes ;

sance de sa voix, que le pâtre de Jussom doit distinguer jusque dans son habert solitaire.

. .

En quittant l'église, nous rencontrâmes un honorable vieillard, conduit par un jeune homme qui lui lisait un journal. Nous le saluâmes, et, averti par son guide, il nous rendit notre politesse.

— C'est le maire de la commune, nous dit à voix basse M. le curé, un homme très-entendu en affaires, malheureusement privé de la vue.

Un maire aveugle ! la chose doit être assez rare en France pour qu'elle mérite d'être signalée.

Nous revîmes le lac, et, si le temps l'avait permis, bien sûr qu'on eût sommé l'abbé X... de nous montrer l'emplacement, au moins présumé, de la petite maison qui avait abrité les personnages de sa légende.

Nous traversâmes de nouveau le Bret, et l'aspect m'en parut encore plus grandiose. Ces ombres immenses que projettent les rochers, dont le sommet est éclairé par les teintes chaudes du soleil couchant, forment un contraste saisissant et remplissent l'âme d'une indéfinissable émotion. Que la nuit, surtout une nuit éclairée par la lumière blafarde et indécise de la lune, doit être fantastique dans ces gorges solitaires !

. .

Notre visite à Beauregard fut courte, car le soir se

faisait et nous avions oublié qu'en toute saison, pour les saintes habitantes de ces cloîtres, la journée finit à six ou sept heures. Nous pûmes néanmoins pénétrer dans la chapelle qu'un bon frère, tout habillé de bure, nous ouvrit.

On y voit très-peu de chose ; mais on y respire le parfum ineffable de toutes les prières qui, à toute heure du jour et de la nuit, percent ces voûtes et montent vers Dieu. La prière, la prière incessante, assaisonnée pour ainsi dire de tous les sacrifices et de toutes les immolations, voilà l'œuvre, voilà la carrière, voilà la fonction sociale de ces sublimes victimes dont le monde n'était pas digne, qui l'ont quitté, mais pour mieux le servir et le seconder, pour le sauver.

Et, tout pensif, pendant que nous descendions les hauteurs de Coublevie, ces belles paroles d'un auteur ascétique me vinrent à l'esprit :

— Mon fils, que la prière se lève avec toi ; que, la nuit, elle veille à tes côtés ; qu'elle te précède et t'accompagne au saint lieu ; qu'elle s'asseoie près de toi quand tu manges et tu bois ; qu'elle rende grâces à Dieu, ta nourriture prise ; qu'elle t'assiste dans ton labeur quotidien ; la nuit venue, qu'elle te purifie des souillures contractées dans les fanges de ce monde ; que sa main ferme tes yeux appesantis par le sommeil ; en un mot, qu'elle habite toujours avec toi.

ÉPILOGUE.

Monsieur Dominique X..., près Voiron (Isère).

Excellent ami,

. . . .

Je te disais, en commençant, que je venais d'entreprendre un travail dont le plan et l'étendue n'étaient pas encore bien arrêtés.

Imagine-toi qu'un Directeur de *Revue* littéraire, artistique, montagnarde, tout ce que tu voudras, s'est mis en tête de me faire écrire mes impressions et de les livrer au public. Je me suis défendu à outrance. J'avais mille raisons à part moi pour ne pas tomber dans le piège qu'on me tendait. Et puis, je craignais de profaner ta douce hospitalité.

Mais le moyen de résister aux exigences d'un éditeur qui, non-seulement fait valoir avec habileté le côté utile, moralisateur, humanitaire, de ces sortes de publications, mais tire sans scrupule sur toutes les cordes de la vanité et insiste avec tant de patience qu'on se sent vaincu avant d'avoir engagé l'action?

Il est donc bien probable que tu recevras quelques numéros du *Dauphiné*, où il sera grandement question de toi et des tiens.

Que ta modestie ne s'en offusque pas ; j'ai pris mes mesures pour qu'aux yeux du public, sauf de celui qui t'avoisine et te fréquente, ton identité reste dans une mystérieuse incertitude. D'ailleurs, je t'ai mé-

5

nagé. Mais il m'en a coûté, sache-le bien, de mettre tant de restrictions à ma reconnaissance et à mon enthousiasme pour la réception que tu m'as faite.

Je me suis rattrapé sur les descriptions. Tu en trouveras à perte de vue. — Vraîment, c'est à ne pas y croire. Moi qui n'ai jamais pu comprendre et aborder ce genre de littérature, même à l'âge où l'on s'en délecte, voilà que j'en fais une orgie. — Par exemple, je n'affirme pas qu'elles soient d'un classique irréprochable, mais je réponds de leur exactitude.

On critiquera surtout la monotonie de mon récit, que ne rachètent ni les mérites du style, ni les traits d'esprit semés à profusion, comme on l'exige de nos jours.

Je confesse humblement à tous les hommes que, puisque rien ne me forçait à parler des merveilles que Dieu s'est plu à semer dans le monde en créant les montagnes, j'aurais mieux fait de me taire. Je reconnais également sans peine que, si l'esprit court les rues, je suis de la foule innombrable de ceux qui le voient passer sans même songer à l'arrêter au passage.

Après ces aveux, si mes futurs critiques ne sont pas désarmés, c'est qu'ils seront d'une exigence rare.

Le seul mérite de mon entreprise, — et tu es là pour en témoigner, — sera, au rebours d'un exemple illustre, d'avoir fait mon voyage d'abord, puis de l'avoir écrit..

A. DES MONTS.

TABLE